Den Mond umarmen
die Sterne küssen

AF289363

© 2005 an der Gedichte-Zusammenstellung by
Verlagsgruppe Weltbild GmbH, Augsburg
Jokers restseller
Die Rechte an den Einzelbeiträgen
liegen bei den Autorinnen und Autoren
Cover und Innengestaltung: Magic Beetle, Marc Steurer, Augsburg
Gesamtherstellung und Verlag: Books on Demand GmbH,
Norderstedt
ISBN 3-8334-2983-6

Den Mond umarmen die Sterne küssen

Die besten Beiträge zum Jokers Lyrik-Preis 2005

Jokers restseller

Books on Demand

Heiter
witzig
verrückt
ausgeflippt

Eduard Weber
Sonett zur Ehrenrettung Don Quichotes

Du warst – o wunderlicher Don Quichote
ein edler Narr, doch nah der Weisheit Quelle,
wie Sancho Pansas Witz als Mitgeselle –
du, des Cervantes' ewig treuer Bote.

Wo auch Gefahr – wo keine war – dir drohte,
so warst du stets mit Lanz' und Mut zur Stelle;
doch nicht nur Prügel brachten die Duelle:
Unsterblichkeit für Sancho und Quichotte!

Mög' nie der Narren Weisheit uns verstummen,
ob sie der schnöden Welt auch unterliegen,
es fehlt so mancher oft von den Gescheiten.

Wenn Dulzineas wegen nicht die Dummen
verliebt auf ihre Rosinanten stiegen –
wir würden ohne Lieb' zum Grabe schreiten.

Bernd Scheiter
Der Delphin

Ich saß dereinst am Beckenrand,
da sah ich sie ins Schwimmer springen,
wie sie so in der Luft sich bog – Hände voraus,
die zarten Füße hinterher und dazwischen eine klasse Mitte,
viel schöner als ein Regenbogen –
ungelogen.

Und wie sie schwamm –
oh Mann, oh Mann.
Sie tauchte, ein Delphin –
ich, ich guckte hin.
Und konnte nicht mehr von ihr lassen -
von der wunderbaren Nassen.
Und wieder tauchte sie,
ich sah sie drunten schimmern
wie eine Feuerqualle – nur viel schöner.

Und da, ihr Kopf, der taucht plötzlich auf,
genau vor mir.
Sie sagt: Na, Poseidon?
Und ich – ich stier,
setz zu 'nem Spruch an,
was kommt, ist nur Gewimmer,
schlimmer geht es nimmer.
Und da ist der Fisch mir schon entglitten,
hab' wochenlang noch schwer gelitten.

Elmar Elling
Veränderungen

Anne Weickel,
verheiratet in Wanne-Eickel
mit Eberhart, dem harten Eber,
gewährte diesem Warzenschwein
allabendlich vom schwarzen Wein;
dann lagen sie in Hängematten,
wovon sie jede Menge hatten,
und erzählten sich von Hagen Weber,
der stark war wie ein Wagenheber
und schneller als die Feldhasen
in einer seiner Heldphasen
Cuxhavens kühle Mole
verbröselt hat in Moleküle.

Ulf Großmann

das ungeschriebene Gedicht

ich schreib dich nicht du Mistgedicht
da kannst du heulen und klagen
dein Jammern, nein, das stört mich nicht
das kann ich dir gleich sagen

sieh ein: die Reime sind zu blöd
so kann man es nicht machen
der Inhalt ist auch mehr als öd
und nicht einmal zum Lachen

und wie ich dir das klar gemacht
da war ich gleich verstört
denn du hast plötzlich losgelacht
du hattest dich gehört

Heinz Kellner
Das Baby

Ein Kind erblickt das Licht der Welt,
ganz ungefragt, ob's ihm gefällt,
kein Wunder, daß es kräftig schreit,
bei allem Neuen weit und breit.
Kaum aus dem ersten Schlaf erwacht,
verlangt man, daß das Baby lacht,
wildfremde Menschen noch dazu,
die stören es in seiner Ruh.
Tief in die Wiege wird gebeugt,
der kleine Kerl genau beäugt,
von großen Menschen tief erschreckt,
ob man wohl Ähnlichkeit entdeckt.
Und keiner, der sich so verrenkt,
fragt, was das Baby dabei denkt,
und wehrlos mit sich machen lässt,
fast wie ein erster Härtetest.
Kann sein, das Kleine wundert sich:
„Was sind die Großen wunderlich,
schon seltsam ist's auf dieser Erde,
ob ich wohl später auch so werde?"

Armin Schmidt
Hohlspiegel

Da hat ein Mann in jungen Jahren
drei Kinder in die Welt gesetzt.
Er war wohl noch sehr unerfahren
und zeugte sie im Bienenschlag,
was nicht nur an der Mutter lag.

Die Kinder wurden frisch gebacken
klammheimlich auf den Tisch gebracht.
Er packte sie an ihrem Nacken
und nahm sie einfach huckepack,
ganz ohne faden Beigeschmack.

Dann tauften sie die kleinen Ziegen,
und Vater ließ das Rauchen sein.
Das ließ die Drachen höher steigen,
und jede neue Schwangerschaft
enthüllte seine Manneskraft.

Die Bande hüten macht' schon Mühen.
Verzichten musst' man allemal
auf Strandurlaub und Alpenglühen.
Die Bälger stressten wahrlich arg,
vergnügten sich im Freizeitpark.

Sie kämpften sich durch Sex und Drogen,
entspannten sich mit Alkohol,
erschossen ihre Pädagogen.
Sie fraßen ihre Eltern kahl
und quälten sie am Marterpfahl.

Und sind die Monster dann erwachsen,
schwups, lässt man sie ins Leben raus,
wenn's sein muß dann sogar nach Sachsen.
Dann funken sie noch SOS
und sind am Ende arbeitslos.

Alfred Eichleter
Modespiel mit allen Sinnen

Sie war eine von den vielen,
die die feine Dame spielen
und seit frühen Kindertagen
seid'ne Unterwäsche tragen.
Gold'ne Ringe, Riesendinger,
manikürt die Zeh'n und Finger,
Lippen, rot geschminkt und keß,
aufgespritzt bis zum Exzeß
und halbrechts vom Tangahoserl
tätowiert ein kleines Roserl,
das, vom Zeitgescheh'n gestresst,
schon ein Blatterl fallen lässt.

Doch ihr Blick war voller Feuer
und verhieß das Abenteuer,
spannend, heiß und brandgefährlich.
Männeraugen, die begehrlich
ihre Apfelbrust taxierten,
weil sie das Verlangen spürten,
sahen unter schwarzen Locken
eig'ne, dunkle Wünsche hocken,
übertrugen unbewusst
ihre aufgestaute Lust
auf das unschuldsvolle Weib,
glaubten, all' sein Zeitvertreib
würde ähnlich wie bei ihnen
nur dem Sexualtrieb dienen.

Weit gefehlt, die gute Dame,
war im Grunde eine Zahme,
Sanfte, Zarte, Fade, Müde,
war sogar ein wenig prüde
und gedanklich waren Männer
für sie nichts als üble Penner,
die ihr zwar viel Beifall zollten,
aber an die Wäsche wollten,
listig handelnd, lüstern lachend

und perverse Dinge machend.
Männer wollen nur das eine!
Manche sind wie alte Schweine,
die voll Gier oft lüstern ächzen,
nur nach der Erfüllung lechzen
und nach Tändeln und nach Bandeln
Frauen oft wie Dreck behandeln,
sich um deren Lust nicht scheren,
Hauptsach' 's eigene Begehren
ist nach raschem Tun befriedigt.
Frauen fühlen sich erniedrigt,
wenn der Mann, der grad „gegeigt",
schnarchend ihr den Rücken zeigt.

Ach, wie sind die Männer schändlich!
Uns'rer Frau war's unverständlich,
daß die Herrn voll Leidenschaften
stur auf ihren Hintern gafften
und, verstehe irgend einen,
auf das Nylon an den Beinen.
Zwar war's Rockerl kurz und luftig,
war die Haut so süß und duftig
und der Pulli eng gestrickt.
Niemand, der sie so erblickt,
kann in den Gedankenräumen
fleischlich sinnen, unkeusch träumen,
denn sie kleidet sich bescheiden,
so wie sich heut' alle kleiden.

Daß die Männer reagieren,
auf verpackte Körper stieren,
eventuell Erregung spüren
und dann lüstern fantasieren,
ist trotz allem Intellekt
eigentlich nur ein Effekt,
der zwar vieles kompliziert,
doch in Kauf genommen wird,
von den Weibchen, all' den vielen,
um das Modespiel zu spielen.

Ulrike Katrin Peters
Zug nach Stockholm

Birke Birke Birke
Birke Birke Birke
Birke Birke Birke
  Elch
Birke Birke Birke
Birke Birke Birke
Birke Birke Birke

Dimitri Banick
Komprimierter Lebenslauf

Vater, Mutter, G-Punkt-Stellung,
Zellverdopplung, Bauchschwellung,
Nabelschere, Arzt, Geschrei,
Mutterbusen, Milch und Brei,

Kindergarten, Einschulung,
Hausaufgaben – Pflichterfüllung,
Schuleschwänzen, Partys, Gigs,
Disco, Drogen, Abschreibtricks,

Alte Lehrer, Fachgeschwafel,
Referate an der Tafel
(Pflichtlektüre „Homo faber" –
technokratisches Gelaber).
Erste Liebe – mit Kondom,
Abschluß, Studium, Diplom.

Eigne Kinder, Überstunden –
oft zudem mit Streß verbunden,
Bierbauch, graues Haar –
und selbst dieses manchmal rar.

Kleine Rente, Bypaß, Krücken,
schwerer Gang, Gedächtnislücken,
Herzbeschwerden, Atemnot,
Tatterigkeit, Trauer, Tod.

Barbara Peters
Volles Risiko

Es lebte einst – bequem und sicher –
ein Buchhalter mit Namen Picher.
Sein Dasein war, von ungefähr,
geruhsam, nicht spektakulär.
Des Morgens schritt er ins Büro,
wo fleißig und korrekt er froh
die Zahlenreihen aufaddierte
und nach verlor'nen Euro spürte.
Des Mittags trank er Selterswasser,
aß einen Apfel, denn ein Prasser,
das war Herr Picher keineswegs.
Um drei Uhr knabberte er Keks
und haargenau um achtzehn Uhr
nahm er die Straßenbahn und fuhr
nach Haus zurück zu Frau und Hund.
Sein Leben war nicht eben bunt.
Doch manchmal packte ihn ein Sehnen,
so daß sein Herz sich schien zu dehnen.
Er wünschte dann, sein Leben wäre
mal aufregend, voll süßer Schwere.
Er dachte kurz an Abenteuer
und Tatendurst glomm wie ein Feuer
in seinem Buchhaltergehirn.
Doch unzerreißbar war der Zwirn,
der ihn ans Tageseinerlei
gefesselt. – Er war nicht mehr frei:
Am Montagabend gab es Pilze,
des Dienstags speiste er stets Sülze,
des Mittwochs auf dem Teller lag
die Bratwurst und am Donnerstag,
da gab es immer Toast mit Käse.
Und freitags: Ei und Majonäse.
Am Samstag kaute akkurat
er jeweils einen Kopfsalat.
Und sonntags, man kann es schon raten,
aß er mit Frauchen Schweinebraten.
Gleichförmig floß sein Dasein hin ...

Er fragte manchmal, ob der Sinn
des Lebens gar nur dieses war:
Berechenbarkeit – Jahr für Jahr?
Gelangweilt durch sein Leben schlich er,
der fünfundvierzigjähr'ge Picher.
Doch eines Tags, im Abendblatt,
am Samstag, vom Salat noch satt,
las Picher folgenden Bericht:
„Das Lachsmousse überlebte nicht
der Maurer K. aus B. bei H."
Herrn Picher schien es wunderbar:
Der Maurer starb an einer Gräte,
die seine Ehefrau, die Käthe,
im Lachsmousse hatte überseh'n.
Natürlich war es nicht sehr schön,
daß K. aus seines Lebens Blüte
gerissen ward. Picher bemühte
um Mitgefühl sich und um Trauer
und dennoch glitt ein wohl'ger Schauer
über den schlaffen Picher-Rücken.
Der Buchhalter, voller Entzücken,
begriff: „Das ist die große Wende!
Die Langeweile hat ein Ende!
Ich muß nicht Bungeejumping wagen,
oder, wo steile Felsen ragen,
im Freistil-Klettern mich versuchen,
Gnus jagen, auf Safaris fluchen.
Ich muß nicht in die Ferne schweifen.
Ich brauch' nur einfach zuzugreifen.
Die Lösung liegt, wie wunderbar,
vor meinen Augen leuchtend da.
Ich will ab heut mein Leben wagen.
Nach jeweils sechs ganz stillen Tagen,
will ich den Nervenkitzel spüren.
Das Blut wird mir zu Eis gefrieren."
Seitdem kommt freitags auf den Tisch
bei Pichers jede Woche: Fisch!

Martin Liedtke
Verdreht

Die Kirche stand verkehrt herum,
Die Spitze tief im Boden steckte.
Ich schaute mich verwundert um,
Ob dies die andern auch erschreckte.

Die Leute aber gingen weiter,
Als wäre dies nichts Neues mehr;
Sie wirkten sogar seltsam heiter,
Als ob heut ihr Geburtstag wär.

Da sprach ich endlich einen an,
Mir war die Sache äußerst wichtig.
Du bist verrückt, sprach ernst der Mann,
Die Kirche steht doch so ganz richtig.

Patricia Glaser
Bücher-Reise

Ich liege da wie wunderbar
Mit einem Buch in meiner Hand
Da kommt auch schon ein Elefant
Durch die Wüste schön und gelb
Ich folge ihm nun durch die Welt
Für diese Reise brauch ich kein Geld
In einem Urwald schlaf ich ein
Ein Tiger beißt nun in mein Bein
Dann wach ich auf in meinem Bett
Ach, war die Bücher-Reise nett

Michael Schwelnus
Delirium

Hohe See und tiefe Berge,
kleine Riesen, große Zwerge,
Ostermann und Weihnachtshase,
Girls mit Schnauzbart auf der Nase,
schwarze Schimmel, weiße Rappen,
Leuchten, die im Dunkeln tappen,
leiser Lärm und laute Stille
und ein butterweicher Wille,
all das gibt es ab sofort
schwarz auf weiß hier Wort für Wort.

Nehme einfach alles doppelt,
subtrahiere was dazu.
Fisch, der durchs Terrarium hoppelt,
spricht das Gleiche wohl wie du.

Leben
Gedanken
Ideen
Träume
Überleben

Martin Gierczak
Die Erfahrung

Die Liebe meines Lebens
pflückte ich zufällig
wie eine Blume
am Wegrand.

Sie blühte ein wenig,
fragte nach Wasser,
fragte nach Liebe,
bevor sie verblasste,
nahe beim Fenster.

Seitdem meide ich Ränder,
schreite nur mittig
durch Leben und Felder.

Dominik Hammes
Chilling – Ein Schulterzucken

mein freund und ich
wir lagen rücklings auf dem grase

ich schlug vor wir könnten scherzen
doch ihm war nicht danach

ich schlug vor wir könnten wandern
doch ihm war nicht danach

da schlug ich ihn tot
denn es gab keine verwendung mehr für ihn

dann lag ich rücklings auf dem grase
denn mir war danach

Ulrike M. Dierkes
Café Satz

Manche Leute lesen
in den Augen, blicken.
Intensivmomente.
Manche Leute sitzen
oder stehen zwischen
Stühlen. Lauschend.
Leise klirren Wimpern –
Schläge zwischen Zweien
blitzen Augenblicksmomente.
Kaffeetassen fassen
Mokka. Milch und mehr.
Kaffeehausfliegen
schlagen ihre Zeit tot.
Langeweile stirbt,
fällt dem Gespräch
zum Opfer.
Erinnerungen bleiben
im Kaffeesatz hängen.
Bis zur nächsten Spülung.
Kaffeesätze wechseln
schlürfend den Besitzer
dieser Tasse.
Schlürfend schleicht
die Zeit von dannen.
Vertrieben.

Reinhard Spies
Spuren eines Malers

Bilder
sind die Spuren
die ich in der Welt hinterlasse
wie Dinosaurierspuren
ungesehen für Millionen von Jahren
jedoch flüchtig
wie Musik
gespielt gegen den Sturm
Bilder wie Worte
Bilder wie eine Melodie
Bilder wie ein Regenbogen
meine Spuren
wo sich Regen und Sonne
treffen überschneiden
Bilder am Himmel malend
meine Spuren
meine Seele
meine Träume
Bilder

Andreas Glanz
Endlich oben

Alles um dich herum erscheint dir so groß,
so unerreichbar, egal, was du tust.
Du windest dich auf dem Boden herum,
keine noch so kleine Steigung schaffst du.

Überall ist es zu glatt für dich.
Auf einmal verdunkelt sich der Himmel.
Ein Schatten kommt auf dich zu.
Du weißt nicht, was es ist.

Er packt dich, fliegt weg mit dir.
Kurz blickst du zurück.
Freust dich, endlich oben zu sein
und du schließt deine Augen.

Melanie Köbke
in der leere

ich fühle mich weg

und gehe in der leere
im kreis im kreis
trage die alte luft
in den körper und hinaus

und laufe in der leere
bergauf bergab
schleppe das gelebte leben
im rucksack mit

und renne in der leere
nach nord nach süd
ziehe den wartenden tod
über die zielgerade hinaus

und hetze in der leere
hierhin dorthin
hebe die massive realität
über meinen kopf

und fühle mich weg

Martina Schock
Entscheidung

Verkümmert im eisigen Kalten
festgehalten durch das Gewissen.
Sich sehnend nach Armen die halten
und es doch auf ewig vermissen.

Ein Herz aus lebend Masse
kann es bröckeln wie ein Stein?
Blut gefüllt in eine Tasse
überlaufend – verschmutzend und unrein.

Gedanken wirbeln im Kreis
entkommen in das Dunkel.
Eine Stimme ruft mich leis'
des Wahnsinns Gemunkel.

Birgit Kahler
Leere

Angst vor der Nähe, vor Zärtlichkeit,
eine unsägliche ist es,
die mich tagtäglich beschleicht,
mich gefangen hält
in meiner Sehnsucht.
Mir graut vor Lachsalven,
den Fratzen schneidenden Gruppen,
deren kollektiver Intellekt schon längst Schiffbruch erlitten hat,
zerhagelt vom Kanonenfeuer der Medienmacher,
der Gleichmacher,
denen, die der Masse die Meinung einimpfen, unbemerkt.
Unerbittlich zertreten sie die Schwachen,
Empfindsamen, wie Würmer
platt – lachend.
Mimikri, die Verkleidung beherrschen,
doch zu hoch der Preis des Selbst-Verlusts!
Weiter leben in
Angst,
Einsamkeit.
Wie traurig sie sich anfühlt, diese Leere.

Andreas Berg
Geist

I.
Geist ist wie Geburt
im Frühlingsprießen
Neugier ist erwacht
und bringt vielfältig Wissen
Gedanken sind geboren
wie junges Leben
Erkenntnisse erblühen
und lassen uns erheben

II.
Geist ist wie ein Sommertag
so träge und nie endend
Freude bringt ein lauer Wind
erlabend Kühle spendend
Gedanken strahlen
scheinend wie die Sonne
Erkenntnisreichtum
ist der Fülle reinste Wonne

III.
Geist ist wie ein
stürmig Herbstgewitter
Angst kommt auf
beim Denken an den Schnitter
Gedanken lassen uns
in ihrem Donner ducken
direkt nachdem
Erkenntnisblitze uns durchzucken

IV.
Geist ist wie ein
müder Winterlebensabend
Ohnmacht überfällt
uns leise und begrabend
Gedanken sind
vom frischen Schnee verdeckt
Erkenntnis ist
im jungen Grab versteckt

Hans Jürgen Kugler
Die Zeit ist ein Weib

Wir haben keine Zeit
– sie hat uns.
Aber wir können
Sie uns nehmen

– die Zeit ist ein Weib!

Vielleicht gibt es Schönere
Aber diese ist deine

Geh mit ihr!

Wer sie sich nimmt
Dem schenkt sie sich
Wer keine hat
Ist zu bedauern
Wer zuviel hat
Langweilt und vertreibt sie sich
Wer mit ihr spielt
Verbrennt sich schnell die Finger
Wer schlecht von ihr denkt
Den bestraft sie auch
Wer mit ihr knausert
Verliert sie bald
Wer sie verloren hat
Der sucht sie vergeblich
Und wer hinter ihr herjagt
Den flieht sie

Glücklich aber bin ich nur
Wenn ich sie habe

Geh mit ihr!
Nimm sie dir!
Verlier sie nicht!

Sie ist die Seele der Welt.

Ivan Bartsch
Das Leben

Das Leben ist wie ein laufendes Band:
man kommt – man wächst – man geht.
Man kommt ist das Tollste am Leben,
man wächst das Schwierigste
und man geht
das Traurigste für alle
Freunde.
Aber nehme es nicht schwer,
denn man kann es nicht ändern.

Rolf Jäger
Vom fernen Licht

Ein Licht, die Erde und ein Besuch,
ward erkannt in froher Natur;
niemand schreibt das große Buch,
Dunkel es dem Menschen nur.

Und der Mensch, was ihm nicht Licht,
was düsterm Wollen Ahnung,
er schreibt es auf und hält Gericht
und nennt es Lichtes Mahnung.

Das ferne Licht, milde und rein,
es lacht solch finstrer Toren:
„Was ihm nicht ist, so möge es sein!
Ich hasche nur horchende Ohren."

Elke Möller
Blaue Reise

Sie sitzt am Fenster
und sie schaut
auf die bewegte Zeit.
Erwartung
legt sich auf die Haut
wie eine warme, weiche Decke.
Der Zug hält an
und sie steigt aus
im leichten Kleid.

Minuten später dann
entgleist ihr Tag

auf grader Strecke.

Julius Josef Mayer
Clochard

Eingemummt vor Kälte steif,
abgelegt am Trottoir,
auf der Wodkabottl Reif,
im Gesicht die Gauloise.

Lebemann nicht zu erkennen,
Seidenanzug abgewetzt,
Parkbank reserviert zum Pennen,
auf der Straße ausgesetzt.

Alk gedunsener Visage,
wichtig nur das Weinlokal,
scheißegal welche Passage,
oder welcher Wartesaal.

Sektgetränkte Konferenzen,
Workaholic Marathon,
Scheidungsreminiszenzen,
abgestürzt vom Führungsthron.

Ausgestiegen aus dem Trott,
Masterkarten abgelegt,
eingefangen doch im Pott,
vom eignen Ich erlegt.

Marion Grigo-Odenthal
Der Bückling oder
die deutsche Obrigkeitshörigkeit und ihre tragischen Folgen

Der Bückling steht als Speisefisch
bei vielen Deutschen auf dem Tisch
und füllt nach einem alten Brauch
des Freitags ihnen auch den Bauch.
Doch kann mit Sicherheit dies Tier
– verdaut im Magen – nichts dafür,
daß Deutsche ihre Rücken bücken,
wenn sie die Obrigkeit erblicken.
Nähert sich eine Amtsperson,
mildert ein jeder seinen Ton.
Statt mutig, ohne Zwang und frei
zu sagen, was zu sagen sei,
spricht er: „Jawohl" und „Bitte sehr",
lächelt, fällt's ihm auch noch so schwer
und stimmt, wie könnt es anders sein,
mit allem Unsinn überein,
der in langen Mußestunden
an höheren Orten ward erfunden.
Egal, wie dämlich und verschroben,
Hauptsache, es kommt von oben:
alles setzt er klaglos um,
kein Erlaß ist ihm zu dumm,
kein Formblatt kann er übergehn,
keine Verordnung übersehn,
und ob sie noch so sinnlos sei,
er ist in jedem Fall dabei,
vollführt mit Untertans-Ergebung
ständig seine Bückbewegung:
rauf und runter, auf und nieder,
nicken, bücken, immer wieder,
bis er in der Mitte knickt:
Der Bückling hat sich totgebückt.

Rika Sabine Sautter
Glück

Wild verwoben
im Teppich des Lebens
sind Momente des Glücks.

Suche sie nicht
in der Ferne,
sonst übersiehst du
das Glitzern
im Jetzt

Brigitte Mersal
Ich leb' nicht angemessen

Die Lieb' stirbt nicht
noch sucht sie Worte
Vergang'nes brennt in heil'gem Feuer
Mein Morgen ruft
mit reiner Herzenslust

Nein!
Ich leb' nicht angemessen

Ich?
Ich sah aus Kernen Bäume werden
getränkt mit Sternenmilch
In ihren Kronen sieben Raben
ein Flügelschlag wird Wind

Ich?
Ich saß am Quell
dem Lichten Dunklen
Ein Tränenmeer im Ozean
Versunken verborgen
bis heut' nicht entdeckt

Ich?
Ich weiß
daß Menschen sind
wirbelnder Staub
tönend helle Kristalle
sonst nichts

Ruth Elbert
Mut

Ich nehme meine Angst
behutsam wie einen kleinen Vogel
in meine warme Hand.

Füttere sie mit positiven Gedanken
spreche aufmunternde Worte in ihre Ohren
hauche ihr meinen Atem ein.

Ich streichele meine Angst
wiege sie wie ein kleines Kind
sachte in meinen Armen.

Von Tag zu Tag wird sie kleiner
verschmilzt im namenlosen Raum
Mut erwacht erhebt sich wie ein Adler.

Schwebt in meine offenen Arme
fließt wie klares Wasser in meine Seele
füllt mich mit stärkender Kraft.

Sylvia Sibille
Zeit deines Lebens

Sonne wärmt deine Haut
Regen umspült dein Ich
Windböen streichen dein Haar

Lachst aus vollem Herzen
Weinst aus tiefster Seele
Umarmst die Welt aus lauter Glück

Zeit Deines Lebens

Einzigartig, unwiderruflich, unbestechlich, unumgänglich

Atmest und lebst
Hoffst und flehst
Suchst und hältst fest

An den Momenten
Die Stück für Stück
Dein Puzzle sind

Bunt und grau
Sanft und rau
Voller Klang und stumm

Dein liebendes Herz ganz leise pocht
Die Zeit unermüdet rast ohne zu verschnaufen
Die Jahre verstreichen, dein Leben passiert

Im Gestern, im Jetzt, im Hier, im Heute

Zeit deines Lebens

Jürgen Lux
Ich tanze mit der Zeit

Ich tanze mit der Zeit. Sie ist des Lebens
unsäglich schön-verschlagene Hetäre,
verspricht und lockt und drängt verführerisch
mich fort von Augenblick zu Augenblick
als fast erlebte, scheinbar stets bereite
Gespielin eines nie erwognen Glücks,
und zieht, sich ihrer Wirkung zynisch sicher,
mich lächelnd fort zum Schlussportal des Lebens –
vorgeblich führend, werde ich geführt:
Ich tanze mit der Zeit. Sie tanzt mit mir.

Friedrich Werkl
Geh dicht

Geh dicht und dichter,
so denke ich mir,
an dein Innerstes heran!
Öffne Tür um Tür,
bewohn' deine Räume –
und licht und lichter,
durch Wachsein und Träume,
siehst du selber dich an.
Leuchte dein Haus
nach allen Seiten aus,
schreck nicht zurück,
geh Stück um Stück,
wandle Schatten zu Licht,
erhelle Seele, Geist, Gesicht,
erlerne Struktur und Plan!
Je mehr du dich selber gefunden,
desto tiefer fühlst du dich allen verbunden
und gehst mit allen andern,
in ständigem Wandern,
den Weg des Menschseins voran.

Friedel Horst Nonnengard
Zeitgeist

Höher
besser
weiter.
Alles
künstlich
heiter.
Schöner
grüner
heller.
Alles
immer
schneller.
Rennen
hasten
eilen,
keine Zeit
zum Weilen.
Immer wieder
unentwegt
besser,
schneller,
greller.

Stephan Durst
Zeitsprung

Manchmal
nach dem Regen
wenn die Luft voll ist
von erdiger Klarheit

und manchmal
bei den Bächen
wenn das Licht Schattenspiele veranstaltet
unten bei den Kieseln im Bachbett

und auch
bei den Wolken
wenn meine Gedanken
mit ihnen dahinziehen

hebt sich die Zeit auf
und ich frage mich wieder
warum das Gras wächst
und bin unendlich jung

Maria Schubert
Weg von hier

Im schwimmenden Schein der Laterne
löst sacht sie den Knoten vom Boot,

und leise, mit Blick in die Ferne
stößt sie ab Richtung Morgenrot.

Die sanft um sie plätschernden Wellen
führ'n stetig vom Ufer sie fort,

der Wind klingt wie silberne Schellen,
die rufen zum fremderen Ort ...

Sandra Nissen
Das Gedankenmeer

Sanft schaukelt die See dahin,
ruhig, alles vergessend und verzeihend.
Doch dann wird sie durchpflügt.
Das Meer bäumt sich auf,
willenlos krachen die Wellen
an die Brecher.

Die Gischt sprüht hoch,
benetzt unsere Gesichter.
Der Wind zerrt an den Gewändern
und treibt uns ins Haus.

Die Mole ist überspült von Wassermengen.
Das Meer reißt alles mit sich fort,
was der Sturm gelöst
und was wir vergessen.

Birgit Hörner
Was übrig bleibt

Nach einem Feuerwerk
Der Illusionen
Nach einem atemberaubenden
Tanz von Licht und Schatten
Nach einem faszinierenden
Schauspiel der Möglichkeiten.
– Möglichkeiten
Die es niemals gab –
Was bleibt da
Noch?

Ruß und Asche
Zu meinen Füßen
Und
Der Sternenstaub
Der in meinem Gemüt
Leise glitzert ...

Eva Freiwald
Entscheidungen

An der Gabelung meines Weges angekommen,
blättere ich erinnerungstrunken
in den Geschichten meines Lebens,
verfolgt von Gedanken an eine ungewisse Zukunft

Realität schmerzt
Liebe verhungert
Gefühle leiden
Angst lähmt
Unsicherheit behindert

Feige werfe ich meinen Stolz weg,
bette meine Träume in den Winterschlaf
und flüchte zurück in die Kapitel,
deren Ende ich schon kenne

Melanie Langemack
Himmlisch

Ich gehe hinaus
auf die Straße
und tanze
die Wirklichkeit fort
in Schuhen,
die Löcher haben.

Der Regen kitzelt
an meinen Zehen,
und ich lache
mich in eine Phantasie,
weil nicht nur Narren
Luftschlösser bauen können.

Mein Drang nach
Freiheit
gebärt Kinder,
und ich hüpfe
mit ihnen Kästchen,
dem Unglück davon.

Wer sagt,
daß es den Himmel
auf Erden
nicht gibt,
der soll barfuß
durchs Gras laufen ...

Anika Seebert
Aufbruch

Ein Schiff legt ab,
lässt hinter sich das Land –
ein Streifen Wehmut.
Verblasst.

Die Weite uns umwebt.
Gebläht sind die Segel der Träume,
Hoffnung flattert im Haar.
Und ringsherum es schwebt
in blauem Schleier luftig leicht
die Sehnsucht nach der Ferne.

Doch an der Reling
krustet salzig schon
das Heimweh.

Judith Schrödl
Phönix

Aus der Asche
Entsteht eine neue Flamme
Mein Stern steigt hinauf
Hoch in das Dunkel der Nacht

Meine Peiniger sind gezwungen
Ihren Blick zu heben
Sie schauen mir nach
Und ich lasse sie hinter mir

Hinein in mein Leben
Niemand kann mich zerbrechen
Ich habe aus den Ruinen
Neue Schlösser gebaut

Sandra Cela
Zorn und Liebe

Ich malte einen Regenbogen,
in ausgeglichener Ruhe,
als sich die Wellen erhoben.

Erst mit Haß und später mit Zorn,
auf und nieder,
dann war mein Leben erfror'n.

Das Dunkel wurde zum ewigen Licht,
gefangen in mir,
ein offenes Tor sah ich nicht.

Tag für Tag, Jahr für Jahr,
vergeudete Zeit,
das Leben so sonderbar.

Wut auf mich – dann wieder vergessen,
Gefühle im Niedergang,
Tugenden hat man besessen.

Ein Erlebnis, ein böser Traum,
klare Fronten,
Verstehen und Glauben – kaum.

Das Leben begreifen – zu akzeptieren,
Wärme zu spüren,
Schwächen und Fehler zu tolerieren.

Der Kreislauf beginnt und endet,
Nichts steht still,
das Leben ohne Sinn – verschwendet.

Ich malte einen Regenbogen,
besonnen und klar,
als sich die Wolken verzogen.

Timo Schmidt
Die Rettung

Ruhe
wäre nun ein Segen
Gedanken in die Wolken legen
Die Träume an ein Segel binden
und mit dem sanften Wind entschwinden

Kraft
zu tanken ist überleben
Doch was kann mir die Kraft jetzt geben
damit ich all den Tagesstreß
vergeß?

Nur das
kann meine Rettung sein
Ich greife ins Regal hinein
und hab gefunden was ich such:
Mein Buch

Sylvie Caputo
Albatros

Seht mich an!
Hört mir zu!
Ich will endlich reden.
Herausschreien,
Was in meinem Innersten brennt.
Das Brandmal meiner Seele,
Das von euch niemand kennt.
Es war schon immer da,
Unbemerkt, betäubt, verdrängt.
In Autorität eingepackt
Und in Norm gezwängt.
Zu lang hab' ich geschwiegen.
Stumm akzeptiert.
Hab' euren Standpunkt
Oft nicht kapiert.
Ließ mich von vielen Händen führen,
In Richtung Unbekannt,
Folgte mit verbundenen Augen
Dem Druck einer Hand.
Ich war so,
Wie ihr es wolltet:
Angepasst, fügsam und klein,
Doch das Blatt hat sich gewendet –
Ich will nicht mehr
Nur Durchschnitt sein.
Nur noch ich selbst!

Aus grau wurde rot
Aus Nebel Sonnenschein.
Aus der Glut wurde Feuer
Und aus Wasser wurde Wein.
Träume fingen an zu atmen
Wie ein Albatros im Wind
Seine Starts sind unbeholfen,
Doch sein Flug stark und bestimmt.

Miriam Sowa
Eine kleine Sehnsucht

Nackt und bloß
Mit weit gebreiteten Armen
Wollt´ ich den Regen empfangen.
Mich dem Himmel hingeben
Besinnungslos vor Freude
Durch die Pfützen tanzen.
Unbekümmert
Mein Alltagsgrau verlieren
und sei es das erste Mal.

Und wenn dann
In der Nacht
Die Sterne vom Himmel purzeln
Vielleicht ...
Ja, vielleicht ...
Verfängt sich einer
In meinem
Gezausten Haar!

Amos Ruwwe
Gedankenspiel

Wenn ich garnicht weiter weiß
Fangen alle meine Gedanken mit
Vielleicht, an.

Und wenn ich dann vielleicht
Nicht mehr weiter weiß
Fangen alle Gedanken mit,
Manchmal, an.

Am Ende
Bleiben Fragen.
Die Antworten kommen
Vielleicht später,
Manchmal.

Fitzgerald Kusz
wundertüten

als ich klein war
glaubte ich fest daran
daß ich
in einer wundertüte
einmal
einen schatz finde

mit der zeit
wurde aus den
wundertüten
etwas anderes

aber der glaube
ist geblieben

Ekaterina Knaub
Bis zum bitteren Ende

Eine schwarze Linie mehr auf dem Papier,
in Gleichgültigkeit dahingezeichnet;
Und ein Stück Hoffnung weniger in mir,
das durch die blendend helle Nacht mich leitet.

Ein Rest von Phantasie erhört mein Flehen,
der mir geblieben ist von dem, was mal gewesen mein Verstand,
lässt mich die Wirklichkeit noch mehr verdrehen,
baut vor dem Grau in mir eine blaue Wand.

Wieviel von meinem Blut er noch vergießen mag,
mit imaginären Messerstichen in mein Herz;
Die blaue Wand verfärbt sich rot bei jedem Schlag,
doch spür ich weder Traurigkeit noch Schmerz.

Doch scheitert er, weil ich nicht in der Lage bin zu denken,
wenn meine eignen Ketten fesseln mir die Hände;
bekomme nichts, hab auch nichts zu verschenken,
bleib eingefangen bis zum bitteren Ende.

Anika Westermann
Der Weg

Der Weg, er teilt sich nun vor dir –
Und wohin willst du geh'n?
Kehrst du einfach wieder um
oder bleibst du steh'n?

Linkerhand ein weißer Flor,
Funkeln, Glanz und Leichtigkeit,
Ein helles, samtig-weißes Tor
In Glitzerwelt, voll Herrlichkeit.

Rechts dagegen: dunkel, kalt
Ein Sumpf aus Braun und Moor und Dreck
Die stumpf-morastige Gestalt
Erschaudert dich, du drehst dich weg.

Doch links, jetzt siehst du es genauer,
ist Schnee das, was die Welt erhellt.
Das Tor – nur eine Eisesmauer,
die trotz des Glanzes bald zerfällt.

Und rechts kannst du's nun besser seh'n:
Auch das Braun ist nicht von Dauer.
Knospen werden bald erblühn
Grünes bricht den Ort der Trauer.

Christian Weidenholzer
Erlöse den Engel

ERLÖSE DEN ENGEL IN MEINER SEELE
DER ZITTERND IM GRAUEN SCHMERZE
KNIET UND WEHKLAGET
FLIEGE
UND LASSE MIR FLÜGEL WACHSEN
RECHTS: DIE FREUDE
UND LINKS: DIE LUST
DAMIT ICH SCHWEBE ÜBER DIE ERDE
UND ENDLICH LEBE
IN BESCHEIDEN GESCHENKTEN MOMENTEN
LASSE UNS EMPORSTEIGEN
UM DEN MOND ZU UMARMEN
UND DIE STERNE ZU KÜSSEN
MIT DER ERINNERUNG
AN DIE AHNUNG
DIESER HEIMAT
LASSE UNS
LIEBEN

Liebe
Lust
&
Leidenschaft

Katharina Jäschke
Lieblingsspeise

wenn dein Kuß wie Honig schmeckt
streiche ich ihn mir wie Butter aufs Brot
mit dem zarten Messer deiner Haut

in der Plastikbox geschützt
in der Aktentasche verborgen
trage ich dich durch die Stadt
vom Bett zum Büro
von der Nacht bis zum Abend

Tristan Christoph Agne
Beziehung

Wir ziehen
aneinander,
Ziehen uns
auseinander,
Ziehen uns
zusammen.
Wir beziehen uns
untereinander,
Beziehen uns
aufeinander,
Verziehen uns.
Wir ziehen
so lange,
Bis wir uns
zerrissen
haben ...

Mario Moritz
Vollmond

Hab dich neulich angesehen
als der Vollmond rief,
als er meinen Geist erweckte
welcher friedlich schlief.
Sah das blaue Mondlicht streicheln
deines Gesäßes Rund.
Und der Saft begann zu steigen,
wohl aus diesem Grund.
Wollt durch deine Locken streifen
wie durch weites Land.
Dieser Glanz auf deinen Lippen
nahm mir den Verstand.
Dann, ein kleiner Seufzer von dir,
Sehnsucht wurde groß,
fuhr durch Mark mir und durch Glieder
bis in meinen Schoß.
Und ich bat, daß du erwachest,
voller Lust und Gier.
Doch der Vollmond wirkt, so scheint es
leider nur bei mir.

Alexandra Berlina
Das Habdichlieb

Es war einmal ein Habdichlieb,
Ganz kuschelig und klein,
Das jahrelang alleine blieb –
Ach, jahrelang allein!

Sein Dasein schlenderte im Schlaf,
Verrauschte wie Sand,
Bis einmal es ein Wesen traf,
Ein Wesen unbekannt.

Es hatte einen Lächelmund,
Und große Augen – ganz rund –
Und einen Flauschebauch.

„Wer bist du?" – fragte Habdichlieb.
„Wie heißt du?" – fragte Habdichlieb
Und hörte: „Ichdichauch!"

Martin Fischer
Der Strand-Stein

Kannst Du Dich noch entsinnen?
Wie schnell die Tage doch verrinnen!
Glutrot die Sonne am Horizont stand,
ein traumhafter Tag sein Ende bald fand.
Nichts war zu hören, nur das rhythmische Rauschen,
das Ausrollen der Wellen, wir konnten's belauschen.
Ein Glassplitter am Strand, einst eckig und scharf,
als Spielball das Meer ihn spülte und warf,
zigtausendfach mit Sand, Wasser und Macht,
die Wellen ihn formten zu dieser grünlichen Pracht.
in schöner Erinn'rung sollst Du ihn tragen,
an schönen aber auch traurigen Tagen.
Wann immer Du siehst sein grünliches Schimmern,
an den, der Dich liebt, er soll Dich erinnern.

Christine Stachewicz
Seele verbinden

Warum glaubst du
stark sein zu müssen?
Auch dann noch, wenn du
in Wirklichkeit
schwach und hilflos bist.

Ist es die Angst
vor anderen Menschen?
Die dich oft, ohne es zu merken verletzen.
Auch dann noch, wenn du
schon am Boden liegst.

Die gleichsam Haien
dein Blut wittern,
das aus deiner verletzten Seele fließt
und dich drohend umschwimmen.

Komm laß dir helfen,
sei schwach wenn du willst,
lehn dich bei mir an und
laß mich deine Seele verbinden,
das Blut stillen.
So daß die Haie des Lebens
von dir ablassen und
du zu Kräften kommst.
Um sie dann in die Flucht
zu schlagen.

Franz Felix Schedl
Spinner ...

Spinner überall!
Spinner blicken dich
in der U-Bahn endlos an,
wo du hingehst,
wo du bist
Spinner.

Der Spinner im Job,
  der dir die schönste Arbeit vermiest.
Der Spinner von Mechaniker,
  der gleich die guten Teile mit erneuert.
Der Spinner von Freund,
  der dich Samstag Abend braucht.
Der Spinner von Busfahrer,
  der lächelnd vor dir die Türe zuknallt.

Und, meine Güte,
dieser Spinner,
  der dir den Abend versaut,
weil er dich vor deiner Freundin lächerlich macht.
Der schleichende Spinner,
  der den Fahrstreifen nicht und nicht freigibt.
Der hässliche Spinner,
  der deine erste Liebe geheiratet hat.
Der Spinner von Jockey,
  der mit dem besten Pferd Dritter wird.
Der Spinner von Arzt,
  der dir das Leben verbietet.

Und der Spinner aller Spinner,
  der nicht merkt, daß er spinnt!

Der ärgste Spinner,
  der dir schon am Morgen aus dem Spiegel entgegenspinnt.

Und ein Spinner, eine Frau,
  die dich trotzdem liebt.

Daniela Rahm
Krieg der Gefühle

Stetig in mir tobend
Der Krieg der Gefühle,
Freude und Leid
Streiten sich in mir
Um die Vorherrschaft.

Glückseligkeit
Zerbrochen vom Schmerz
Und nur die Erinnerung
Bleibt bestehen,
Um mich in meiner Kälte zu wärmen.

Tanzen der Schmetterlinge
Auf blühenden Wiesen
Ein Traum,
Noch nie gesehen,
Nur ein Traum.

Klingende Musik,
Tonleiter des Glücks,
Hell und freundlich,
Doch nicht real,
Bestehend nur in mir.

Laß die Trauer
Nicht überhand bekommen,
Doch bewahre mir die Melancholie,
Das höchste aller Gefühle
Und Schöpfer aller Träume.

Laß mich nicht ertrinken
In fahler Gefühllosigkeit,
Schenke mir Tränen und Trauer,
Schenke mir Zorn und Haß
– und dann ein Lächeln.

Gabriele Nierhoff
Zündholz der Liebe

Wenn der Hoffnungswind
sich paart
mit der ungestümen
Leidenschaft
entsteht das kleine
Fünkchen Sehnsucht
das aus Träumen
Liebe macht.

Dorothea Menz
Herzflug

Ich ziehe Dein Herz
aus meinen Rippen –
und falte es – in seinen Dritteln,

mit harten Kanten
und weichen Flächen –
wie ein schweres Stück Seidenpapier,

über den Schneefeldern –
zwischen den Eiswinden,
werfe ich es – himmelhochwärts,

ein leichter Fetzen Leben,
schnell schlägt er nieder, –
Rot – auf dem winterweißen Grund.

Nina Breyer
Freiheit

Nur Gleichgewicht und Zusammenspiel
von Licht und Schatten
lassen die Welt in voller
Schönheit erstrahlen

Besser erträgt man also
den bittersüßen Schmerz
des Nichthaltenkönnens
als einem geliebten Menschen
den Wind aus den Segeln zu nehmen

Denn ein freier Geist
muß sein Schicksal lenken können
um nicht unterzugehen
Der Liebe zu viel
ist der Liebe Tod

Claudia Karner
Wende

Zwölf Jahre lang im selben Boot,
manch Sturmbö um die Nase.
„Nur keine Wellen!" sagst du nun.
„Mir reicht die wilde Phase!"

Ich aber halt es nicht mehr aus,
tagtäglich nichts als Flaute!
Will wieder auf das off'ne Meer.
Wenn ich mich doch nur traute!

Nur lähmende Bequemlichkeit –
das blieb nach all den Jahren.
Ich möchte Salz auf meiner Haut,
will Wind in meinen Haaren.

Ein Leuchtturm schickt mir zögerlich
von weitem erste Zeichen.
Ist dort für mich das neue Ziel?
Werd' ich es je erreichen?

Kein Grübeln mehr, die Leinen los!
Ich mache klar zur Wende.
Für Worte ist es schon zu spät.
Adieu, das war's! Aus. Ende.

Lucia Hornstein
Unterm Dach

Unterm Dach zieht Wind durch Spanten
Spinnwebenstaub fällt sacht herab
Eine winterlichtig Raunen, ein kleines Mäuse Trap Trap
Papierne Wespennestlein rascheln an den Kanten

Ein leiser Frühjahrswind durchschauert
Für kurz nur jenes Land aus Holzwurm und Verlorenheit
Schau, welch ein Augenblick voll Wachsamkeit
Für wieviel Zeit, für welche kleine Dauer?

Schon drängen ein paar Flocken durch die Lücke
Sich irgendwo im Aschgrau niederlassend
Zersprung'ne Biberschwänze draußen fassend
Entsteht aus Schnee bald eine neue feste Decke

Nur wenig weiter unten, nur eine steile Stiege
Ein Liebeslager, weich und zart, aus weißen Daunen
Bewohnt von Ungläubigkeit, von Sehen und von Staunen
Und einer halben Ahnung, vielleicht von Liebe

Zwei Menschen, ihr Gesicht auf einem Kissen
Warmer Atem, aufmerksam einander zugewandt
Für eine lange kurze Weile, ein weniges verwandt
Was rührt sie an, welch eine Art von Wissen?

Unterm Baldachin aus Eis: ein warmes Reich aus Nähe
Brust an Brust und Lippe an Lippe
Rosenkranz und Ziegenböcke
Darüber der Schrei einer Krähe

Lebensgier und große Lust
Sind dem hier beschieden
Doch im Nein zum Lieben
Liegt eine tiefe kalte Kluft

Renate Rauchfuß
Ohne Titel

Es ist nach Zwölf.
Ich bin alleine.
Dort hinten fährt ein Zug.
Das Haustor gähnt –
Ich bin nicht Deine Kleine.
Es riecht nach Frühling,
und ich habe so genug!

Die Schienen führen über eine Brücke.
War da nicht eben ein Gesicht?
Ich sehe einen Fremden –
hier ist eine Lücke –
Ich habe was vergessen
doch was weiß ich nicht.

Der Vogel singt jetzt unter meinem Fenster;
ein später Gast schlägt meine Haustür zu.
Es fängt zu regnen an.
Die Menschen sind Gespenster.

Ich friere.

Irgendwo nennt Dich ein fremdes Mädchen „Du".

Nicola Klemz
Drahtseilakt

Tausend Meter über Tiefen
Begegnung zuweilen möglich
Nicht weit vom Himmel
Hoffnung ist gespannt
Auf der ich balanciere
Und Feuer werde ich
In deiner Hand
Doch Absturz droht
Fortwährend

Heike Nolte
Körperbeschreibung

Auf deinem Rücken will
ich dichten, deine Haut
mit Versen schmücken.
Nichts sollst du tragen
als meine Reime,
sie sollen dich streicheln
meine Schriften
meine Worte werden
atmen, sich falten und
sich dehnen.
Schweißtrunken
glänzen – zum Leben
erwachen. So hast du
sie immer bei dir, die
Zeichen meiner Liebe, bis
sie verblassen, wenn
wir uns reiben.

Ernst Ferstl
Gesetzlosigkeit

Für Liebende
gelten die Gesetze
der Schwerkraft nicht.
Wenn sie sich
in die Arme schließen, öffnen sie sich.
Wenn sie los lassen,
finden sie festen Halt.
Wenn sie sich fallen lassen,
schweben sie
Richtung Himmel.

Anika Erdmann
Bedecke meinen Körper

bedecke meinen körper
mit einem netz aus silber
verteile weißen sand
auf meine lider
trage mich hinweg
dorthin
wo der nebel
die bäume umhüllt
wo die elfen wispern
das meer rauscht
und der wald mein herz gebiert

wenn du
alle schmerzen
dieser welt
erfahren hast
alle deine tränen
geweint hast
ist es erschreckend
zu merken
wie hart du bist
wie unzerstörbar
du bekommst
manchmal
angst vor dir selbst

Brit Bräutigam
Ewigkeit

Wir bauen ein Zelt aus Mondschein,
hängen Sterne als Laternen in die Nacht,
Lassen Wind und Wellen uns Musik sein,
und eine Zauberwelt erwacht

Blätter wiegen sich zum Lied des Windes,
Wellen schlagen Purzelbaum,
Wolken ziehn im Rausch vorüber,
auf jeder wohnt ein Traum

Wir baden in Wundern,
ertrinken im Glück
und im hellsten Strahl des Mondes schließlich
trifft sich unser Blick

Von einer Wolke fällt ein Traum herab,
wie ein Tropfen in den Sand,
bringt uns beiden einen Wunsch,
einen Kuß, Hand in Hand

Die Zeit verharrt im Augenblick,
Jahre währt jetzt ein Moment,
Stille hat die Welt umschlungen,
Geräusch sind Wellen jetzt und Wind

Eine Seele, eine Liebe nimmt uns jetzt in ihren Bann,
ein Frieden ist die Decke für die Zeit,
behütend und begleitend schimmern nun die Sterne,
der Mond hält Schlaf für uns bereit

Und der Zauber dieser Nacht, der Zauber dieser Zeit,
ist für Dich und mich das Bett der Ewigkeit

Mona Albrecht
Liebe und Luft

So steht sie da, entzückt von sich
Und küsst ihr Spiegelbild.
Er ist ja so verliebt in mich.
Sie lächelt selig – mild.

Die Brust ins rechte Licht gerückt,
Den Mund recht bunt verziert.
In engem, schwarzen Kleidungsstück,
Recht spärlich tapeziert.

Mit Grazie und mit Eleganz,
Auf Stelzen spitz und rot.
Vollführt sie einen Ententanz
Mit dem Gesäß – Depot.

Jetzt steht er hier, der Kavalier.
Weiß nicht wie ihm geschieht.
Heiß und kalt, so wird ihm schier,
Denn er ist so verliebt.

Sie säuseln, lullen und sie hauchen,
Mit Zucker aus dem Munde.
Das Hirn wird in der Pfeife rauchen,
Geschont wird's unterm Hosenbunde,
Weil's einzig zu gebrauchen.

Ein niedlicher Klaps auf den süßeren Po.
Gekicher folgt recht dämlich.
Ach, weißt du Schatz, ich mag dich so ...
... und weiter geht's so ähnlich ...

... Schätzchen, Liebster, Spatz, mein Stern,
So säuselt's süß und lieblich.
Die Liebe hat den Schwachsinn gern,
Doch das stimmt unsre beiden nicht,
Im mindesten verdrießlich.

Hubert Diermann
an Dich *

* Ich denk an Dich,
wenn tausend Tropfen vom Himmel fallen ...
Ich denk an Dich,
wenn das Mondlicht die Sterne streichelt
wenn die Sonne mit Inbrunst die Dunkelheit lischt
ich sehe Dich,
wenn meine Augen noch auf das Taglicht hoffen ...
in tiefster Nacht, seelenverwandt
und unverdrossen – in Gedanken bei Dir – vor Sehnsucht
fast zerflossen ...
ich höre Dich, wenn in Wald und Feld die Stille mit mir spricht
und meine Seele wie auf Flügeln zu Dir allein aufbricht ...
so träum ich und such Dich immer mehr - als wenn
es kein Anfang und kein Ende wär

Tina Spies
Eifersucht

Tobender Sturm
fegt
über
unseren Liebesgarten,
entwurzelt
Sicherheitsbäume,
zerfleddert
Geborgenheitsblumen
und
verwüstet
die ersten
Zärtlichkeitshalme
auf unserem
Vertrauensbeet.

Schließlich –
Stille,
Traurigkeit,
Aufräumarbeiten.

Gudrun Jacobsen
Ein Vogel in deiner Hand

ein Vogel in deiner Hand
bin ich
zutraulich und nervös
streichle mich
glätte mir die Federn
sieh dir meine Schwingen an
meine Krallen
komm in meine Augen
verbieg was du verbiegen musst
und dann
wirf mich endlich in die Luft
daß ich wieder fliegen kann
hoch und dann im Bogen
hinunter und hart über der Erde
weiter mit viel Schwung und Lust
und
komm
mit

Monika Wahl
Veilchenfarbene Erinnerungen

Außerhalb der Mauern
bin ich geboren,
auf vereistem Grund.
Lange trug der Schnee
scharlachrote Spuren.
Im gefrorenen Nest
mein verwaister Name.

Im fiebrigen Traum
vom beginnenden Frühling
traf ich dich, Geliebter.
Du hattest die Fackeln entzündet
und zu deinen Füßen
blühten Veilchen, zerbrechlich,
mit violettem Gesicht.

Der Wind hatte meinen Kuß
zu deinen Lippen getragen,
mich dahingeweht
an deine Haut.
Du wärmtest meine Wurzeln
und ich lauschte hungrig
der Stimme deines Begehrens.

Meinen Namen hattest du längst entziffert,
die Grenzen aus Frost
mit einem Pfeil durchstoßen.
Gemeinsam durchquerten wir
lachend einen Sommer,
Rittersporn und Klatschmohn
säumten unseren Weg.

Geliebter, die ersten Blätter fallen.
Widerstrebend löse ich mich
aus deinem Arm.
Unter wildem Efeu
verblassen meine Flügel,
laß mich fortgehen –
veilchenfarbene Erinnerungen
tragen meinen Duft.

Inge Buschneg
Synchron

Gleicher Schritt
gleiche Gedanken
gleicher Herzrhythmus
gleiche Angst
du und ich
Synchronschwimmer
im Meer unserer Gefühle.

Stephan Pfob
An J.

Mir scheint,
als glitten wie ein Hobel,
der nicht greift, die Worte
an allem Denken ab,
das zu Dir strebt.
Und auch, als wären sie
wie feiner, faltenreicher Stoff
darüber hingeworfen;
und zöge ich ihn fort,
so stünde ich,
in selig-atemlosem Staunen,
vor keiner Welt.

Verzeihst Du mir,
daß ich Dir nicht
ganz einfach sagen kann:
Ich liebe Dich?

Bodo Kirchner
Vom Fischen der Träume

Die Knoten nicht zu eng,
und zwischen den Seilen
genügend Leichtigkeit,
Schwimmkörper
für den Auftrieb.
Du weißt –
die Morgendämmerung
ist die beste Zeit
für die glitzernde Flut.
Hab keine Angst:
Das Wasser trägt uns,
und unser Boot
ist dicht beschriebenes Papier.
Sei du mein Hafen.

Sonja Centeno
liebe

zärtlich
spinnt sich
zwischen unseren lippen
ein
bebendes
netz
in dem sich
wehrlos
die wahrheit verfängt.

Peter Woeckel
An meine Schmuse

Komm, Süßherz, gib mir Augenzunder,
ich will mit dir die Nacht durchglühen,
mit dir, dem größten Weltenwunder,
in Flammen stehen, Funken sprühen.

Wir sind, wenn Lust und Liebe flaumen,
wenn unsre Atem wirbelwinden
und unsre Zungen purzelbaumen,
mehr als nur Seelen, die sich finden.

Wer gähnen will, soll ruhig gähnen.
Ich aber will mit meinen Lippen
zehaufwärts zu den blonden Strähnen
von deinem jungen Körper nippen.

Komm, faß mich an. Und immer wieder.
Hmm, dieses Kribbeln, Prickeln, Zittern
in allen Fasern unsrer Glieder,
wenn wir uns in den Morgen flittern.

Christian Schiefner
Wenn einer bleibt

Wenn einer bleibt
der in deinen augen
die verstummten
gedichte lesen kann
und dir die nacht
das schwere mondlicht
von der brust stemmt

wenn einer bleibt
mit dir allein
in deinem traum
und sprachlos
deine stirnfalten schließt
mit einer leisen handbewegung

wenn einer bleibt
der deine worte
nach dem letzten ausflug
in ein fremdes land
zu ordnen weiß

wenn einer bleibt
der fragt

dann atme auf

Helmut Meyer
Was ist das?

Das streichen der violine –
Deine haut

Das blitzen der messer –
Deine augen

Sanftblaue symphonie
Aus lust

Und verrat

Doris Läubin
festgehalten

Wir halten uns
fest
durch unser festhalten
nichts
hält uns
so fest
wie das
was wir
nicht
loslassen
können

Silke Blamauer
fortgang

nach deinem fortgang
waren die fenster
seltsam bewegt

die vorhänge
wehten dir
lautlos nach

das zimmer flüsterte
unaufhörlich
deinen namen
in mein herz

Beate Dröge
Nur ein Gedicht

Wär ich ein Tischler in der Werkstatt
baut ich Dir einen Tisch
Wär ich ein Fischer auf dem Meere
fing ich Dir einen Fisch
Wär ich ein berühmter Schneider
von Gold schnitt ich Dir Kleider
Wär ich ein ganz großer Maler
malte ich Dir Dein Gesicht
Doch das alles bin ich nicht.

Bin kein Tischler – keinen Tisch
Bin kein Fischer – keinen Fisch
Bin kein Schneider und kein Maler
keine Kleider, kein Gesicht
– nur ein Gedicht.

Gerhard Schubert
Deine Kinder

Deine Kinder,
gewaschen mit Deinen Händen
Dein Mann,
geküsst mit Deinem Mund.
Deine Liebe,
spürbar für jeden.

Dein Herz,
im Rhythmus des Lebens.
Deine Seele,
zart und doch so stark.
Deine Augen,
ein Blick für die Unendlichkeit.

Deine Angst,
verborgen liegt sie.
Dein Lachen,
schöner als jeder Sonnenstrahl.
Und wenn Du morgens aufwachst,
liegt Hoffnung in der Luft.

Ute Schwabe
Rondo

Es gibt eine Zeit der Zärtlichkeit
der Stille
der Entschlossenheit

eine Zeit der Klugheit
der beherzten Taten
eine Zeit zu trauern

Zeit zu lieben
zu erkennen
und zu weinen

Es gibt eine Zeit des großen Glücks
des Abschieds
und der Einsamkeit

des neuen Lichts
Wiederkehr
des Friedens und der kleinen Wunder

Es gibt eine Zeit der Zärtlichkeit

Esther von Renke
die sonnen-amphore

für dich
pack ich den sonnenschein
in eine amphore
aus glas
und immer
wenn dich
trübe gedanken
quälen
mach ich
den deckel auf
und die sonnenstrahlen
zaubern dir
dein lachen zurück

Annegret Kellermann
Mein Herz

Mein Herz
muß aus Asbest sein
sonst
hätte das Feuer meiner
Sehnsüchte es schon lange
verbrannt.

Roland Schneider
... möcht ich

Alt werden mit Dir – möcht ich
Dich riechen jeden Tag – möcht ich
Und es erscheint unmöglich schier
Daß ich einmal nicht neben Dir lag
Dein leises Schnarchen genießen – möcht ich
Und joggen mit Dir auf den Wiesen – möcht ich
Deine Spitzbübigkeit weiter erfahren – möcht ich
Und den Duft genießen von Deinen Haaren – möcht ich

Auch manchmal mit Dir streiten – möcht ich
Und sagen ganz laut – möcht ich
Es gibt nichts Besseres für mich
als Dich – und Dich möcht ich

Tierisches

Heinz Welter
Von Baum zu Baum

Einst sprach Herr Ahorn zu Frau Eiche:
„Wenn ich die Zweige nun dir reiche,
ich meine Sympathie dir hiermit kunde,
o lasst uns lieben gleich zur Stunde!"

Die Eich' errötet, es ist Herbst.
„Wie du die Blätter mir verfärbst."
Und so geschah ein kleines Wunder:
die Eiche wurd' allmählich runder.

In einer Nacht, es war 'ne kalte,
kriecht aus des Baumes dunkler Spalte
nun das Produkt der Liebesspiele:
Eichhörnchen gab's, und davon viele.

Gabriele Reiser
Am Abgrund des Wahnsinns

In manchen Nächten
des dunklen Mondes
verwandle ich mich
in eine blaue Wölfin
und wildere durch die kalten Schluchten
meiner unwegsamen Erinnerungen
grabe im Schnee von gestern
auf der Suche nach dem Zauberwort
trete in alte rostige Fangeisen
hinterlasse blutige Spuren
auf teilnahmslosen düsteren Sternen

um schweißgebadet aufzutauchen

aus der Umklammerung
der erstickenden Finsternis
meiner dunkelsten Ahnungen
hoffend
daß Mut und Kraft
mit dem ersten Glimmen des neuen Morgens
in mich zurückkehren
den modrigen Gestank
der verwesenden Nacht
aus meinen Knochen zu vertreiben

Helga Bachmayer
Der Bio-Wurm

Mein Nachbar ist ein Bio-Bauer,
da wächst Gesundheit voller Power.
Ich habe den Salat erstanden
und wegen „Bio" auch verstanden,
daß ich gekauft mit dem Salat
den Wurm – ganz klein, doch dick und satt.
Als ich das Grün gewaschen dann,
da schaute er mich ganz groß an.
Schon zückte ich das Messer scharf,
da ich die Macht verbuchen darf.
Drauf denke ich: „Laß ihn doch leben,
du könntest ihm doch Gnade geben!"
So setzte ich den kleinen Wicht
bei mir ins Gras – „Ich töte nicht!"
Ich hoff', er hat den Weg gefunden
zurück zu den Gemüsegründen.
Denn tags darauf – so akkurat,
als wieder ich gekauft Salat,
da schaute er schon wieder raus!

Ich setzte ihn noch einmal aus …

Jürgen Heinze
Der Gedanken-Wurm

Da ist
der Wurm drin
man könnte fast sagen
der Wurm
ein schäbiger, kleiner
ein mieser
ein kleiner
ein Wurm
ein Wurm vielleicht
ein schmieriger, schleimiger
ein Fadenwurm oder
ein Plattwurm
ein Band-, ein Spul-,
ein Ringelwurm
ein
Po-
ly-
chae-
te
ein sabbernder,
wabernder, schmieriger,
mieser, kleiner, schäbiger
ein Wurm
pfuitausend
mir wird schon
fast schlecht
bei dem
Gedanken

Ralf Demes
Fabel-Haft (Eine Ballade)

Ein Schwein sitzt.
Es sitzt bequem,
will gar nicht stehn.
Des Weges kommt
ein alter Mann,
der nicht recht gehen kann.
Er sieht das Schwein
ganz allein
sitzen auf der Bank.
„So geht das nicht!",
ruft der Mann,
der nicht recht glauben kann,
was er da sieht.
„Schweinen ist es untersagt
ungefragt
ihr Hinterteil
auf Bänken zu platzieren!
Überhaupt allen Tieren!"
Das Schwein,
ein wenig überrascht,
seinem Unmut Luft verschafft:
„Wen hätt' ich fragen soll'n,
da ich doch ganz allein?
Und nebenbei, mein Herr,
bin nur ein armes Schwein,
hab' nichts zu melden in der Welt,
hab' weder Weib noch Geld,
keine Kleider anzuzieh'n,
will hier nur ruh'n
von den Müh'n des Tages."
„Es ist doch echt was Arges
mit den Viechern heutzutag'!",
der alte Mann beklagt.
„Da hol' ich doch die Polizei!"
Und nach kurzer Zeit
steht sie bereit.
„Dieses Tier blockiert

die Bank
mit Gestank
und führt obendrein
Reden wie ein Schwein!"
Die Beamten gieren
nach des Schweins Papieren.
Doch in ruhigem Tone
dieses spricht:
„Tut mir leid,
die hab' ich nicht!
Und wenn ihr's wissen wollt:
Ihr mich am Arsche lecken sollt!"
Nun sitzt das Schwein –
ein.

Anne-Marie Zuther
Der Holz-Wurm

Ein Holzwurm fraß sich durch den Schrank,
das war nicht leicht, der Weg war lang.
Er kämpfte langsam sich voran
und kam dann endlich oben an.

Die Stubenfliege fragte ihn:
„Mein armer Wurm, wo willst du hin?
Ich kenne leider nicht dein Ziel,
doch dieser Weg hilft dir nicht viel!

Du tust mir leid, die Wahrheit ist,
daß du hier auf dem Holzweg bist!"
Da sprach der Wurm: „Hab' ich ein Glück,
daß du dich sorgst um mein Geschick!

Für deine Mühe dank' ich dir,
doch ist sie gar nicht nötig hier.
Ein Wurm, der sich durch Möbel frisst,
ganz klar doch auf dem Holzweg ist.

Doch dieses Mal, da trügt der Schein,
der Holzweg muß kein Irrweg sein.
Er bietet meinem Dasein viel,
der Holzweg ist für mich das Ziel."

Julia Roth
Binsenweisheit

Zwei Tauben saßen auf der Wiese
auf der die bunte Blume sprieße,
da plötzlich hören sie 'nen Hund,
die eine gibt der andern kund:
„Komm laß' uns in die Höhe steigen
weil Hunde können uns nicht leiden."
Sie flattern aufgeregt nach oben,
der Hund fängt unten an zu toben.
Da gurrt die andre Taube wieder:
„Früher war'n die Hunde klüger."
Und die Moral von dem Gedicht:
Auch Tauben haben diese Sicht,
daß früher alles besser war –
wie heute –, das ist allen klar.

Gerhard Kolberg

Zwei Eintagsfliegen

Es traf eine Eintagsfliege beim Spazierengeh'n
– ihre Geburtsstunde war morgens sieben Uhr zehn –
eine nahe Verwandte,
die sie noch nicht kannte,
obwohl die – und das ist wahr –
bereits am Abend zuvor aus dem Ei gekrochen war.
Sie unterhielten sich lang und breit
über Familie, Wetter und die Zeit,
die sie auf der Erde verbrachten
und welche Erfahrungen sie dabei machten.
„Die Welt ist schön, der Himmel blau
und ich weiß ganz genau,
daß die Sonne ewig scheint",
die Sieben-Uhr-Fliege meint.
Doch die Abendfliege entgegnet:
„Das stimmt nicht. Es hat dauernd geregnet
und dunkel war's auch und kalt.
Bei dem Wetter werde ich nicht alt.
Du musst wohl auf den Kopf gefallen sein
bei dem Gerede vom Sonnenschein."

Meinungsverschiedenheiten sind im Fliegenreich
anscheinend wie beim Menschen gleich.
Was der Mensch dagegen tut, das wissen wir,
doch was macht das Fliegengetier?

1.Variante
So schieden die beiden Verwandten,
die sich vorher noch nicht kannten,
weil sie sich nicht einigen konnten,
ob sie gefroren hatten oder sich sonnten.

2. Variante
Da flog ein Schmetterling vorbei
und hörte das Geschrei.
Er sagte: „Ihr habt doch beide recht.
Das Wetter ist mal gut, mal schlecht.

Mal scheint die Sonne, mal der Mond,
je nach Zeit und Ort, wo man g'rad wohnt."
Da fingen die Fliegen an zu schrei'n:
„Schmetterling, was mischst du dich ein?
Was geht unser Gespräch dich an?"
Und eine Fliege flog an die andere ran:
„Komm, laß uns gehen."
Und sie ließen den Friedensstifter stehen.

3. Variante
Da kam ein alter Käfer vorbei:
„Hört auf mit der Streiterei!
Merkt ihr dummen Fliegen nicht,
daß jede nur vom eigenen Dasein spricht?
Doch eine hat am Tage, die Andere in der Nacht
die Stunden des Lebens verbracht.
Ich aber kenne die Welt seit vielen Tagen.
Wie's wirklich ist, kann ich euch sagen.
Das Wetter ist mal so, mal so.
Wenn hier die Sonne scheint, regnet's anderswo.
Tagsüber ist es hell, nachts steht man im Dunkeln,
dann scheint der Mond und die Sterne funkeln."
Und die Fliegen hörten zu und wurden still,
bis eine fragte: „Was ich gern wissen will ..."
Der Käfer antwortete in aller Ruh'
und die Fliegen fragten weiter und hörten zu.

Das war der Anfang vom Verstehen
des großen Fliegenweltgeschehen.
Doch leider machen – das weiß man auch –
davon die wenigsten Gebrauch.

Doris Bewernitz
existenzielles

ein hase saß im schneegestob
es war ein schneehas und er hob
sich nicht vom hintergrund hervor
so daß ich ihn, obwohl fernrohr
nicht sah und ich konnt nicht ermessen
hat oder hat er nicht gesessen